«¡Estoy regalando este libro a colaboradores y amigos porque es una fascinante lectura para todos los que creemos en las oportunidades que nos brinda la revolución digital!»

JOSÉ MARÍA JOANA
EX VICEPRESIDENTE DE IBM Y EX SOCIO DE PwC CONSULTING

«Somos unos cuantos directores de marketing que en los últimos tiempos apostamos por las redes sociales como herramientas de marketing. En el proceso de probar y aprender siempre salen dudas de como las marcas deben participar. En *El lechero en bicicleta* Franc y Jenny ponen luz de forma amena a cómo subirnos a la revolución digital.»

GUILLEM GRAELL
DIRECTOR DE MARKETING DE CHUPA CHUPS

«El mundo de los medios sociales es un fenómeno nuevo y las empresas realmente no saben cómo maximizar su uso o qué hacer con él. Este libro es una excelente narrativa que permite visualizar el uso de este tipo de plataformas. Permite a los ejecutivos tener una visión y les da las herramientas para desarrollar estrategias y convertir esa visión en realidad. Es una excelente explicación del verdadero poder de esta nueva forma de comunicación.»

KIRSTEN HAACK
DIRECTORA DE COMUNICACIÓN DE LA EUROLIGA

# El lechero en bicicleta

# El lechero en bicicleta

Cómo subirse a la revolución digital
sin caerse en el intento

FRANC CARRERAS
y JENNY JOBRING

Papel certificado por el Forest Stewardship Council®

Cuarta edición: junio de 2016
Sexta reimpresión: marzo de 2024

© 2013, Franc Carreras y Jenny Jobring
© 2013, Penguin Random House Grupo Editorial, S. A. U.
Travessera de Gràcia, 47-49. 08021 Barcelona

Penguin Random House Grupo Editorial apoya la protección del *copyright*.
El *copyright* estimula la creatividad, defiende la diversidad en el ámbito de las ideas
y el conocimiento, promueve la libre expresión y favorece una cultura viva.
Gracias por comprar una edición autorizada de este libro y por respetar las leyes del *copyright*
al no reproducir, escanear ni distribuir ninguna parte de esta obra por ningún medio sin permiso.
Al hacerlo está respaldando a los autores y permitiendo que PRHGE continúe publicando libros
para todos los lectores. Diríjase a CEDRO (Centro Español de Derechos Reprográficos,
http://www.cedro.org) si necesita fotocopiar o escanear algún fragmento de esta obra.
Printed in Spain – Impreso en España

ISBN: 978-84-15431-44-2
Depósito legal: B-32.724-2012

Compuesto en M. I. Maquetación, S. L.

Impreso en QP Print

CN 3 1 4 4 A

*Para Andrea. Mira:
¡Al final lo has conseguido!*
FRANC CARRERAS

*Para Marc, por su interminable apoyo y
coraje, tú me completas*
JENNY JOBRING

# Índice

DESPEGUE .................... 13

1. Villalomas y el mercado del valle ..... 17
2. Novedades en la aldea............. 23
3. Kody sobre ruedas ............... 27
4. Un paseo inolvidable ............. 33
5. Y ahora, el tándem............... 37
6. Impresionar a los Winston......... 43
7. Bienvenidos todos ............... 51
8. El gran picnic................... 59
9. El mercadillo ................... 65
10. Crisis en la granja ................ 71
11. Las cestas de la compra ........... 77
12. Aparcando en el mercado ......... 83

13. La bandeja de marisco . . . . . . . . . . . . . 89
14. Nueva ley . . . . . . . . . . . . . . . . . . . . . . . 95
15. *El libro de los píos*. . . . . . . . . . . . . . . . . 101

Aterrizaje. . . . . . . . . . . . . . . . . . . . . . . . . . . 105
Agradecimientos . . . . . . . . . . . . . . . . . . . . 117
Agradecimientos especiales . . . . . . . . . . . 119

# Despegue

Las puertas habían sido cerradas, la señal que indicaba la obligatoriedad de abrocharse los cinturones estaba encendida y el avión se acercaba lentamente a la pista de despegue. Pero el hombre seguía hablando por teléfono:

—No he visto ningún crecimiento de fans en un mes, y nos hemos gastado una fortuna en ese vídeo viral que no ha servido para nada. ¡Esto tiene que estar arreglado cuando se reúna el comité de dirección la semana que viene!

La mujer que estaba sentada a su lado no pudo evitar escuchar la conversación, hasta que se oyó una voz procedente de los altavoces que decía: «Les rogamos que desconecten todos los dispositivos electrónicos».

El hombre obedeció a regañadientes y apagó su teléfono móvil.

—¿Problemas con internet? —dijo la mujer.

—Sí. Justamente acabamos de contratar a unos consultores en estrategia digital, e incluso a un *community manager*, pero sigo sin obtener buenos resultados.

—Yo también pasé por lo mismo. —La sonrisa de la mujer revelaba que sabía perfectamente de lo que hablaba aquel hombre.

—¿En serio? ¿Y encontró una solución?

—Pues ¡claro! ¡Ahora ya no me puedo imaginar nuestro negocio sin una presencia en las redes sociales! —respondió la mujer con verdadero entusiasmo.

El avión empezó a acelerar en la pista de despegue.

—¡Vaya! Ojalá pudiera decir lo mismo. Me siento tan perdido... Todo el mundo se empeña en afirmar que esto es el futuro, y yo hago caso de todo lo que me dicen los «expertos», pero luego siempre acabo chocando contra las mismas paredes.

—Lo sé. A mí me pasaba igual, hasta que un amigo me contó un cuento que me permitió ver lo que estaba haciendo mal —dijo la mujer.

—¿Un cuento? ¿Qué cuento?

—El cuento de *El lechero en bicicleta*. ¿Quiere oírlo?

—¡Por supuesto! —exclamó el hombre sin pensárselo ni un segundo.

El avión despegó y desapareció entre las nubes.

# 1

# Villalomas y el mercado del valle

Érase una vez, hace muchos, muchos años, una pequeña aldea de montaña llamada Villalomas. La mayoría de sus habitantes eran carpinteros y vivían en casas diseminadas por las colinas que rodeaban el valle. Cada casa estaba en una colina distinta, así que los vecinos vivían alejados los unos de los otros. Normalmente, cuando querían hacer la compra, tardaban toda la mañana en ir y volver del mercado que se hallaba en el valle. Las tardes las pasaban en sus talleres domésticos, construyendo muebles que un distribuidor recogía una vez al mes para venderlos a compradores en lugares remotos. Los vecinos de Villalomas tenían ingresos modestos, pero eran felices y aceptaban las cosas tal como estaban.

Una mañana de primavera un pajarito voló sobre Villalomas, observándolo todo desde el cielo. Vio los verdes campos llenos de vacas junto al río y algunos barcos de pesca acercándose al muelle del pueblo, para descargar pescado fresco traído directamente del océano. El pajarito voló muy cerca de las casas que había en las colinas, y cuando algunos vecinos salieron de camino hacia el mercado, decidió seguirlos. Estos, mientras se aproximaban al valle, podían oler el pan fresco del horno del panadero y oír el murmullo lejano del recinto en plena ebullición. El pajarito, sorprendido por tanta actividad a aquellas horas tempranas, se tomó un descanso en una viga que había bajo un tejado, desde la cual podía disfrutar de una vista privilegiada de todo el lugar.

A medida que se llenaba, el mercado se iba convirtiendo en un lugar caótico y alborotado. Los vendedores gritaban cada vez más, para que su voz se oyera por encima de las otras voces y, así, captar la atención de los presentes. En el centro se hallaba el punto de venta más grande, ligeramente elevado con respecto al resto. En lo más alto se encontraba Berta, la pescadera, que tenía una voz tan potente que resultaba imposible de superar. Berta era corpulenta y llevaba un pañuelo de colores alrededor del cuello que la hacía inconfundible desde cualquier rincón del mercado.

Justo enfrente estaba la lechería donde Kody, el lechero, luchaba sin mucho éxito por lograr un poco de atención. Kody era bajito pero fortachón, y vestía ropa de trabajo sencilla. El resto de comercios se hallaban repartidos por todo el recinto y ofrecían un sinnúmero de productos: desde pan hasta especias. Estaba todo tan lleno que los clientes chocaban unos con otros mientras realizaban sus compras como podían.

Nadie parecía darse cuenta de que había otro par de ojos observándolo todo desde arriba. Se trataba de los ojos del propietario del mercado, que desde una silla elevada supervisaba su negocio. Se llamaba Torin y era el que había construido las paredes y el tejado bajo el que se desarrollaba aquella maraña. Era imposible que algo ocurriera en el mercado del valle sin que Torin lo supiera. Él se aseguraba de que el intercambio de bienes se produjera sin interrupción, y los comerciantes le pagaban por ello un generoso porcentaje de las ventas.

De todos los ciudadanos de Villalomas hubo tres personas que llamaron la atención del pajarito. La primera de ellas fue Fángela, la del vestido de flores y la sonrisa permanente. Mientras andaba por el mercado, iba hablando sin parar con su acompañante, que se llamaba Odessa y tenía el ceño fruncido. Justo unos pasos por delante iba Amelia, que insistía en que aceleraran el ritmo para llegar a la pescadería antes de que se terminara el pescado fresco. A pesar de la frustración de Amelia, no había manera de avanzar porque, cada vez que se giraban, un vendedor las interrumpía ofreciéndoles algo que ni necesitaban ni les interesaba.

Al final de la mañana, las tres amigas salieron por la puerta del mercado cargadas con la compra. Una vez dejaron atrás el caos, se alegraron de poder mantener una conversación tranquila y al aire libre, aunque Odessa se aseguró de que el tema no tuviera nada que ver con la alegría:

—No puedo soportar el abarrotamiento que tiene el mercado últimamente. Tanto grito y tanto empujón me pone de los nervios. ¡Ya tengo dolor de cabeza otra vez!

—Es verdad, pero si sabes lo que buscas y empiezas por lo pequeño, te puedes mover con facilidad y terminar antes de que la cosa se ponga insoportable —contestó Amelia.

—¡Bah, no os quejéis tanto, chicas! A mí me gusta encontrarme a amigos y conocidos cada día —dijo Fángela, intentando quitarle hierro al asunto.

Antes de que Odessa pudiera replicar, llegaron a un cruce y tomaron caminos diferentes. No podían perder más tiempo, porque debían subir la cuesta de sus respectivas colinas para llevar a casa los alimentos que esperaban sus familias.

## 2

# Novedades en la aldea

A la mañana siguiente, el pajarito recorrió el mismo camino y se encontró exactamente con la misma rutina: las vacas en la pradera, los barcos de pesca subiendo por el río, el olor a pan fresco y el mercado a rebosar. Pero, de pronto, se dio cuenta de que algo había cambiado: ¡una nueva tienda en el mercado!

Al principio nadie le hizo mucho caso al pequeño comercio, que vendía extraños artilugios de metal. El señor Dunlop, el vendedor, los llamaba «bicicletas», y sostenía que permitirían a los aldeanos desplazarse mucho más deprisa que a pie. No eran baratas y parecían objetos traídos de otro planeta, así que la mayoría de los vecinos, simplemente, las ignoraba. Pero a lo largo de la mañana algunos empezaron a sentir curiosidad. Entre ellos estaba Amelia, a quien intrigaba aquel artilugio por la posibilidad que ofrecía de ahorrar tiempo, así que fue una de las primeras en probarlo. Observó que el vendedor hacía una demostración delante de algunos curiosos reunidos a la entrada del mercado y, sin pensarlo dos veces, accedió a montar en una de las bicicletas y empezó a pedalear. Para su sorpresa, acabó en el suelo a los pocos metros. El señor Dunlop se apresuró a ayudarla a levantarse y le dio un par de instrucciones precisas. Amelia volvió a montar y empezó a dar la vuelta al mercado con cierta torpeza, pero sin caerse. Cuando pasó por la última esquina la multitud aplaudió efusivamente.

Tan pronto como Amelia puso los pies en el suelo, Fángela se le acercó corriendo:

—¿Qué se siente? ¡Por favor, dínoslo!

—Nunca he tenido una sensación parecida en mi vida. Era como si mis pies hubieran estado siempre encadenados al suelo y, de pronto, ¡desaparecieran las cadenas! Notaba el viento en la cara y veía el mundo pasar a mi lado tan deprisa que no quería que se detuviera nunca.

—Pero ¿no has sentido miedo? —preguntó Odessa.

—¡Miedo, no! ¡Libertad! Parecía como si pudiera hacer lo que quisiera, ir a cualquier sitio y volver sin mucho esfuerzo. Pienso en todo lo que haría con mi tiempo si pudiera desplazarme siempre de este modo. ¡Tengo que ahorrar para comprarme cuanto antes este invento!

Tanto Amelia como otros muchos vecinos de Villalomas tardaron poco en conseguir una bicicleta. Fángela y Odessa hicieron lo propio. Un día, las tres amigas salieron del mercado a la misma hora y montaron en sus bicicletas mientras charlaban alegremente.

Cuando llegaron al cruce se dieron cuenta de que era mucho más pronto de lo habitual, así que no tuvieron que dejar la conversación a medias. Aparcaron las bicicletas al lado del camino y se sentaron bajo la sombra de un pino para improvisar un picnic con todo lo que acababan de comprar. Al fin y al cabo, ir en bicicleta les ahorraba tanto tiempo que podían permitirse aquel lujo perfectamente.

3

# Kody sobre ruedas

Al día siguiente el pajarito observó como Torin y Berta, la pescadera, llegaban al mercado al mismo tiempo. Junto a la puerta ya estaba Kody, montado en una bicicleta recién comprada; aún no se había acostumbrado a lo rápida que era, y había llegado a su destino unos minutos antes de lo previsto. Mientras Torin abría la puerta principal, Berta le susurró al oído:

—Mira a ese Kody, se piensa que, por apuntarse a la última moda, sus clientes le van a comprar más. Será inocente...

—Sí, yo tengo un vecino que iba en una

de esas cosas y ya se ha estrellado contra un árbol. El pobre está en cama desde hace días. ¿Qué pasará si Kody se cae y se hace daño? ¿Quién ordeñará sus vacas?

—¡Oye, que no estoy sordo! —dijo Kody por detrás.

Con el paso del tiempo, Fángela, Odessa y Amelia convirtieron en costumbre los picnics a la vera del camino después de la compra. Un día se quedaron hablando tanto rato que el mercado cerró antes de que se separaran, por lo que les sorprendió ver a los comerciantes pasar de regreso a sus respectivas casas. Aquel día, Berta, la pescadera, fue la primera en abandonar el mercado. Cuando pasó cerca del grupo de amigas, que conversaban bajo el árbol, evitó mirarlas. «No tengo tiempo para charlar», pensó; y pasó de largo ignorando a sus propias clientas.

Al poco rato las tres jóvenes contemplaron una bicicleta en la distancia. Por aquel entonces ya no era raro verlas, puesto que había muchos vecinos que acostumbraban a desplazarse en ese medio de locomoción. Lo sorprendente fue comprobar que se trataba de Kody, era el único comerciante que había optado por la bicicleta.

—¿Qué tal, señoras ciclistas? —saludó Kody, antes de que se le pudiera oír claramente, impaciente por mostrar su nueva afición.

—¡Hola, Kody! ¡Menuda bici! —respondió Fángela cuando ya estaba más cerca—. ¿Quieres acompañarnos y tomar un poco de queso fresco que hemos comprado en el mercado?

Kody sonrió al darse cuenta de que Fángela se refería al queso que él mismo le había vendido hacía solo un par de horas. Sintió cierta extrañeza al pensar que iba a estar en compañía de sus clientas, tan lejos de la tienda. Le parecía raro tener una conversación sin el ruido de fondo constante que había en el mercado. Por unos momentos deseó poder hacer negocio en un entorno similar, pero por otro lado le pareció que esa posibilidad era remota.

—¿Hacéis esto muy a menudo? ¿No tenéis que estar en casa pronto? —Se interesó Kody.

—¡Oh, no! ¡Ahora que tenemos bici, llegamos a casa enseguida! Además, podemos llevar muchas cosas encima, así que ya no es necesario ir al mercado todos los días.

Kody no pudo evitar preguntarse cómo afectarían esas nuevas costumbres a su negocio. Si sus clientes dejaban de ir al mercado diariamente, y solo compraban unos días a la semana, tendría menos oportunidades de ofrecerles productos nuevos. No podría pedirles que volvieran al día siguiente si se terminaba algún producto.

—¡Ah!, ¿sí? Y ¿qué hacéis con todo el tiempo que os sobra?

—¡Pues quedamos para vernos! A veces nos juntamos en una casa y cocinamos, por ejemplo. Antes nos parecía que vivíamos tan lejos. ¡Ahora estamos mucho más unidas!

—¡Uau! Esto de las bicicletas es un mundo, ¿no?

—Lo va a cambiar todo —dijo Odessa.

Un escalofrío recorrió la espalda de Kody.

«No puede ser bueno que todo cambie», pensó.

4

# Un paseo inolvidable

Unos días más tarde, Kody regresaba en bicicleta a su casa cuando vio como Fángela y Odessa pedaleaban con dificultad no muy lejos de donde se encontraba. Llevaban demasiadas bolsas de comida e iban dando bandazos de un lado a otro del sendero, cada vez que el peso cambiaba de lado. Tardó apenas un minuto en alcanzarlas y, cuando estuvo a una distancia prudencial, preguntó a modo de saludo:

—¿Algún problema, señoritas?

—¿A ti qué te parece? —dijo Odessa con ironía—. Amelia está enferma y nos ha pedido que le hagamos la compra.

—¡Vaya, lo siento! ¿Os puedo ayudar?

Kody se ofreció a cargar con alguna de las bolsas. Durante un buen trecho fue descubriendo caminos por los que nunca había transitado. Estaba siempre tan ocupado con las tareas de la granja que no tenía tiempo de pasear por las colinas donde vivían sus clientes. Poder disfrutar de aquella nueva circunstancia le pareció una experiencia interesante.

—Así que ¿este es el camino que recorréis todos los días para ir al mercado?

—Sí, bueno, este es el camino que sigue Amelia. Odessa vive en esa colina de ahí, y yo vivo en la que está detrás. ¿Y tú?

—Yo vivo en la granja que hay al otro lado del río, junto a aquellos prados verdes que se ven a lo lejos.

Sin duda, Kody se había alejado bastante de casa, pero, por algún extraño motivo, tuvo la sensación de que estaba haciendo lo correcto. Tan pronto como llegaron a la cima de la colina pudieron ver la casa de Amelia. Cuando llamaron a su puerta, esta se alegró enormemente de ver a los recién llegados.

—¡Muchas gracias por traerme la compra! ¡No sé lo que haría sin vosotros! ¡Sois maravillosos!

Contemplar la satisfacción en la cara de Amelia fue lo mejor que le ocurrió aquel día a Kody. Como profesional, no había nada más grato para él que ver a un cliente contento.

Aquella tarde, de vuelta a casa, Kody tuvo una idea. De repente, le invadió una energía inesperada y empezó a pedalear cada vez más deprisa. ¡No había tiempo que perder!

Al día siguiente, Kody llegó pronto al mercado y puso un cartel sobre su mostrador. A los pocos minutos la gente empezó a hacerle preguntas. Berta, en la orilla opuesta del pasillo, parecía furiosa. Tenía docenas de clientes delante de su tienda, pero todos estaban de espaldas a ella, mirando a Kody. Intentó captar su atención pero nadie la escuchaba. El letrero tenía solo tres palabras: «Entregas a domicilio».

En pocos días, Kody empezó a dedicar todo su tiempo libre a entregar las botellas de leche por las casas con su bicicleta. Sus clientes fueron contándoselo a sus vecinos y el negocio creció hasta el punto de que la bicicleta se convirtió en el bien más preciado de Kody.

El éxito convirtió al lechero en el comerciante más solicitado del mercado. Sabía dónde vivía casi todo el mundo y se aprendió la mayoría de sus nombres. Esto irritaba especialmente a Berta, la pescadera, acostumbrada a ser el centro de atención. Sin embargo, el resto de comerciantes lo miraban como si estuviera loco. El comercio a domicilio prescindía, como no podía ser menos, del mercado como pieza central del negocio, por lo que les resultaba difícil imaginarse lo que se estaban perdiendo.

## 5

# Y ahora, el tándem

Un día, el propietario del mercado le pidió a Kody, el lechero, que lo fuera a ver al final de la jornada. El inquietante silencio del mercado vacío representaba un apropiado telón de fondo para una conversación de negocios igual de inquietante. Torin, con algunos años más que Kody, se tomó la libertad de poner su brazo sobre los hombros de este mientras caminaban. Torin fue el primero en hablar:

—Kody, tú y yo hemos estado trabajando juntos desde hace mucho tiempo, ¿recuerdas cuánto hace que empezaste aquí, en el mercado?

Kody no respondió.

—Muchos, muchos años —dijo Torin contestando a su propia pregunta—. Estoy seguro de que eres consciente de lo bien que te ha tratado este mercado. Tienes una buena granja con muchas vacas y docenas de clientes que te compran leche, mantequilla, yogures, quesos...

—Al grano, Torin —dijo Kody, impacientándose.

—Quiero saber por qué pierdes el tiempo yendo en bicicleta a las casas de la gente. ¿No crees que es mucho mejor para todos que la gente venga a nuestro mercado? Construimos este espacio para tener un recinto donde vender juntos. Ahora nos apoyamos los unos a los otros, tenemos un techo que nos protege de la lluvia.

—A veces la gente prefiere recibir las compras a domicilio, Torin. Yo solo les doy lo que quieren.

—Sí, eso está muy bien, pero ¿no te das

cuenta de que si todos hiciéramos lo mismo nadie vendría al mercado? No me digas que es eso lo que quieres.

—No creo que vaya a suceder nunca.

—Bueno, pero seguramente vendrían mucho menos —insistió Torin.

—Quizá —dijo Kody, encogiéndose de hombros.

—Pues entonces te pido que dejes de hacer entregas a domicilio, Kody, por el bien de todos.

—Lo siento, Torin. Ni lo sueñes.

Kody se sacó de encima el brazo de Torin y se fue dejando al hombre con cara de decepción.

Para entonces, Torin ya estaba convencido de que las cosas no iban a volver a la normalidad si no tomaba medidas drásticas. Y, además, había que hacerlo con urgencia porque cada venta que Kody realizaba a domicilio era una comisión que Torin dejaba de recibir. Lo que este no sabía en aquel momento era que, en poco tiempo, Kody iba a dejar de ser el único vendedor a domicilio.

A la mañana siguiente, Berta tomó una decisión. No podía quedarse sentada por más tiempo, mirando como Kody se convertía en el mayor comerciante de Villalomas. Sin más dilación, Berta fue a la tienda de bicicletas y compró la más grande que había. Montó orgullosa en su nueva adquisición pero enseguida tuvo que frenar en seco. No podía creer lo que estaba viendo.

En la entrada del mercado, una multitud se había congregado alrededor de Kody, que también lucía una nueva adquisición. Al principio, Berta no acababa de asimilar lo que veía. Pero, al acercarse, se dio cuenta de que Kody estaba sentado en la parte de atrás de lo que él llamaba una «bicicleta tándem». Justo delante de él, en otro sillín de la misma bicicleta, se hallaba su conductor particular. Kody, en aquel momento, estaba explicando algunas de las ventajas que tenía el hecho de ser dos. Mientras el conductor se dedicaba a pedalear y aprenderse los atajos, él podía concentrarse en sujetar el producto y gestionar la venta personalmente.

Hecha una furia, Berta se dio media vuelta y compró todas las bicicletas que quedaban en la tienda.

6

# Impresionar a los Winston

A estas alturas, el negocio de la entrega a domicilio de Kody ya estaba por las nubes, mientras que a Berta le costaba seguir el ritmo. Aún tenía que sacarles partido a todas las bicicletas que había comprado. Cada vez que pensaba en el éxito que estaba teniendo Kody, se sentía deprimida, cosa que ocurría prácticamente a diario.

Berta pensó que el método del lechero era bien simple: llamar a las puertas de las casas y vender todo lo posible, algo que ella sabía hacer muy bien; y si Kody tenía una bicicleta, la mejor solución para superarle era tener más.

Con esa idea, Berta reunió a diez chavales y les dio instrucciones claras; tenían que ir a todas las casas que se encontraran en su camino y promocionar su pescado:

—Id de casa en casa gritando: «¡El pescado de Berta! ¡El pescado de Berta!». Llamad a la puerta, haced la entrega e intentad siempre vender más de lo que se os pida. Después, dejad una nota en la puerta recordando el descuento del día. No olvidéis dejar otra nota en el buzón para que la encuentren al recoger el correo al día siguiente. Que conozcan todas nuestras promociones y sepan que somos la tienda más grande del mercado.

A Berta le interesaban especialmente las familias con dinero y, entre ellas, estaba la del doctor Winston. Esa venta se la encomendó a sus dos mejores ayudantes y los envió con una cesta de regalo.

—Sobre todo, ¡hablad solo de las ventajas del pescado! —espetó la pescadera—. Pase lo que pase, nunca habléis mal de nuestro pescado, ¿me habéis oído?

Aquella misma tarde, el pajarito que sobrevolaba Villalomas observó cómo salían del mercado los diez ayudantes con las órdenes estrictas de Berta.

Los dos ayudantes en misión especial llegaron a la mansión de los Winston. Nada más ver la casa se pusieron nerviosos, pero sabían que no podían regresar sin entregar la cesta. Se acercaron al porche y llamaron al timbre. La señora Winston abrió la puerta y le entregaron la cesta.

—¡Oh, qué bien! ¿Qué hay dentro de esta cesta? —preguntó la señora Winston.

—Bueno, un poco de pescado —contestó titubeante uno de los chicos.

—Ya veo, pero ¿qué clase de pescado? Verás, es que soy alérgica al marisco, y tengo que asegurarme de que este maravilloso pescado no ha estado en contacto con ningún tipo de gamba o langosta, por ejemplo.

—No hay marisco, señora, solo buen pescado. Mire: salmón, atún, bacalao... lo mejor de Villalomas —dijo el mismo muchacho, pensando que lo había hecho muy bien y que Berta estaría orgullosa de él.

El otro ayudante no estaba tan seguro de lo que acababa de afimar su compañero, pero no se atrevió a decir nada y se limitó a sonreír exactamente como Berta le había indicado.

Los jóvenes aprendices hicieron el resto de los repartos y regresaron al mercado para informar a Berta. Cuando acabó la jornada, la pescadera estaba plenamente satisfecha; sus ayudantes habían llamado a más puertas en un día de las que podía abarcar Kody en un mes entero.

Al día siguiente, unos cuantos vecinos de Villalomas celebraban el picnic habitual a la sombra de un gran pino y comentaban las últimas noticias. Se quejaban de lo molestas que habían sido las visitas del día anterior.

Algunos habían sido interrumpidos hasta cinco veces, y por cinco personas distintas.

—Tengo el buzón lleno de notas de los muchachos de Berta. ¡Es demasiado! —se quejaba Odessa.

Amelia estaba totalmente de acuerdo:

—Ayer, cuando abrí la puerta, un chico me dejó un kilo de salmón en la mesa de la cocina. Yo solo había pedido medio kilo, pero me vi obligada a comprarlo todo.

—Yo me sentí avasallada; y, de hecho, no pienso abrir la puerta cuando los vea acercarse. ¡Prefiero esconderme como si no estuviera en casa! —dijo Odessa.

—Yo estaba de paseo con mi hermana y no podíamos ni hablar de lo fuerte que gritaban sus promociones esos chicos mientras repartían. ¿Te lo puedes creer? —comentó Amelia, después de confesar que ella ya había hecho un par de veces lo que decía Odessa.

— Y encima no saben nada de pescado.

¡A mí me trajeron langosta en vez de cangrejo! —añadió Odessa, indignada.

Entonces llegó Fángela con cara de preocupación.

—¿Habéis oído lo que ha pasado?

La curiosidad impuso silencio entre los vecinos.

—La señora Winston se ha puesto muy enferma —explicó Fángela—. Tuvo una reacción alérgica al pescado. Al parecer, se tomó un atún que había estado guardado junto al marisco, ¡y se ve que le tiene una alergia terrible!

—¡Qué desastre! —exclamó Odessa.

—Menos mal que su marido es médico —dijo Fángela—. Por suerte tenía un remedio a mano que le salvó la vida.

Berta había estado escuchándolo todo desde detrás de un árbol, y se dio cuenta de que no solo había molestado a la mayoría de sus clientes sino que, además, había causado una muy mala impresión a los Winston.

El pajarito, muy atento, observó sin rechistar; para luego, bien contento, volar en busca del mar.

# 7

# Bienvenidos todos

Un sábado por la mañana Fángela decidió ir a pasear en bicicleta para disfrutar de su tiempo libre. Nunca había estado más allá de las casas donde vivían sus amigas. Tenía especial curiosidad por ver cómo era el otro lado del río, lugar de residencia de muchos de los comerciantes del mercado.

Por aquel entonces, la granja de Kody se había convertido en un pequeño complejo agrícola, después de adquirir terrenos lindantes con sus antiguos prados y haber construido unos grandes establos en los que las vacas producían leche sin parar. Quizá por ello, Fángela no se sorprendió al toparse con la granja y encontrar a su dueño en plena actividad. Lo observó un momento y, luego, desde el camino saludó:

—¡Buenos días, Kody! ¡Qué vaca más bonita estás ordeñando!

—¡Ah! ¡Hola, Fángela! ¿Quieres entrar y acariciarla?

—Pues ¡claro! —dijo ella, sin contener su ilusión.

Fángela cruzó la valla y se acercó a la vaca. No se podía creer que estaba dentro de la granja desde la cual salía la leche que consumía cada día. Le encantaba la leche y estaba fascinada con todo el proceso. Kody dedicó un buen rato a enseñar a su clienta dónde dormían y comían las vacas, y otros detalles de su profesión. Para Kody, aquel era simplemente su lugar de trabajo, tan desordenado y maloliente como siempre; pero, cuando miró en los ojos de Fángela, se dio cuenta de que para ella se trataba de un lugar mágico.

—¡Qué lástima que mis amigas no estén aquí para ver esto! ¡Gracias, de verdad, Kody!

—No hay problema. Podéis venir cuando queráis. ¡Aquí, todo el mundo es bienvenido!

—Muchas gracias, Kody. Seguro que vendremos.

Y, de nuevo, se encendió una lucecita en la mente del lechero: había tenido otra gran idea.

A la mañana siguiente, Kody llegó pronto al mercado y colocó un segundo letrero sobre el mostrador de su puesto. Pasados apenas unos minutos, la gente empezó a hacerle preguntas. Berta, al otro lado del pasillo, volvía a estar furiosa; una vez más, había docenas de clientes delante de su tienda que le daban la espalda y miraban a Kody. El letrero que este había escrito tenía solo tres palabras: «Visite nuestra granja».

Los clientes estaban muy ilusionados. Ya tenían algo divertido en lo que ocupar su tiempo libre los fines de semana. Gracias a las bicicletas, no representaba mucho esfuerzo ir de un lado para otro. Las familias se reunían pronto los sábados por la mañana para acercarse a la granja. Algunos aprendieron a ordeñar las vacas y los más afortunados llegaron incluso a presenciar el nacimiento de algunos terneros.

A Berta aquello no le hacía ninguna gracia. Pensaba que Kody corría un riesgo innecesario y que acabaría ocasionándole problemas. Lo ideal era mantener las distancias entre proveedor y cliente. Pero, finalmente, como no quería quedarse al margen, empezó a ofrecer visitas a su casa junto al río.

Un día, el pajarito sobrevolaba Villalomas cuando observó a Fángela y sus amigas paseando en bicicleta. Estaban dando una vuelta y querían ver algo nuevo. Ya habían visitado la granja de Kody varias veces, así que decidieron ir a visitar la casa de Berta.

Cuando sobrepasaron la cima de una de las colinas divisaron una casa inmensa a la orilla del río. Era la propiedad privada más grande que habían visto jamás, con un muelle adosado en el que había amarrado un precioso barco de pesca de estilo clásico, pintado con colores tan brillantes que parecía que se pudiera enmarcar y colgar en la pared de un museo. La casa tenía tres pisos y las ventanas estaban tan limpias que, cuando el sol se reflejaba en ellas, era imposible mirarlas directamente. Un larguísimo seto recorría el perímetro del terreno de punta a punta, interrumpido únicamente por una verja de metal altísima y decorada con ornamentos florales. Las delgadas barras metálicas terminaban en puntas afiladas, que impidieron al pobre pajarito posarse en ellas. Tal como indicaba el letrero en el mostrador de Berta, aquel día las puertas estaban abiertas. Fángela fue la primera en entrar.

—¡Hola! ¡Berta! ¡Soy Fángela, del mercado! ¡Qué casa tan bonita tienes!

No hubo respuesta.

«Debe de estar dentro», pensó Fángela. Las tres amigas se acercaron al porche.

—¡Berta! ¿Estás ahí? —Volvió a llamar Fángela, sin recibir contestación—. Tiene que estar en casa. La verja estaba abierta y allí veo algunas pastas de bienvenida —dijo, dirigiéndose a sus amigas.

—Esta mujer solo quiere tu dinero, Fángela —dijo Odessa, con escepticismo—. No va a salir y perder el tiempo si no es para vendernos algo. Apuesto a que ese barco tan bonito no es de verdad.

Justo cuando Amelia se disponía a dar el primer bocado a un cruasán, Berta abrió la puerta con la inseguridad del que no está acostumbrado a tratar con clientes en su propia casa. Sin embargo, se notaba que intentaba hacerlo lo mejor posible. Cuando abrió la boca, su vozarrón sonó completamente fuera de lugar.

—Bienvenidas a la casa de la mejor pescadera de toda la nación. Compren mi pescado y podrán disfrutar de estas pastas de bienvenida.

Amelia dejó caer el cruasán antes de que llegara a sus labios y se volvió para mirar con incredulidad a Berta. ¿Tenía que comprar pescado primero? Por supuesto, la reacción de Odessa no se hizo esperar:

—Pero ¿cómo te atreves, vie...?

Antes de que pudiera terminar la frase, la mano de Berta le tapó la boca. La pescadera no iba a permitir que nadie la atacara en su propia casa, y mucho menos en público.

—Pero ¿qué haces? ¡Saca tus asquerosas manos de la boca de mi amiga! —gritó Amelia.

Incluso Fángela, que siempre encontraba la manera de evitar el enfrentamiento, estaba fuera de sí:

—¡Deja que hable! ¿Quién te has creído que eres, tratándonos así?

Berta se comportaba como si no hablaran con ella. Estaba en su casa. A esas alturas ya se había dado cuenta de que no iba a sacar nada de provecho de aquella visita. Con lo que no contaba era en lo rápido que iba a correr la voz en Villalomas. Tan pronto como las tres amigas desaparecieron por la puerta, también lo hizo cualquier atisbo de su buena reputación como anfitriona.

El pajarito, muy atento, observó sin rechistar; para luego, bien contento, volar en busca del mar.

# 8

# El gran picnic

Un viernes por la tarde Fángela decidió aprovechar el buen tiempo para organizar un picnic al que podría asistir toda la aldea. Pensó que sería una buena ocasión para ver a sus amigas y amigos, intercambiar recetas y trucos de cocina, y pasarlo bien.

Fángela fue puerta por puerta invitando a todos los vecinos, y se alegró mucho de la buena acogida que tuvo la idea. Pensó que, cuantos más fueran, mejor, así que invitó también a algunos de los comerciantes. Además, confiaba en que estos aportarían buenas ideas culinarias fruto de su experiencia y conocimiento profesional. En el primero que pensó fue en Kody, el lechero, que siempre la trataba muy bien, pero no se olvidó del panadero ni del frutero, a los que también había ido conociendo cada vez mejor. Al haber tantos vendedores, tuvo que invitar también a Torin, el dueño del mercado. Por unos instantes se sintió un poco culpable por no incluir a Berta, pero ese sentimiento se desvaneció inmediatamente al recordar el desagradable incidente ocurrido durante la visita a su casa.

El día del picnic, los aldeanos se reunieron en una gran pradera cubierta de hierba. Los asistentes desplegaron mantas, se sentaron en grupos y tomaron bocadillos y bebidas. De repente, Fángela vio a Berta sentada junto a Torin, hablando del tiempo y de las últimas novedades de Villalomas. Cuando Fángela pasó por su lado, Berta la miró a los ojos sonriente y dijo en voz lo suficientemente alta para que la organizadora lo oyera:

—Torin, has sido muy amable al invitarme como acompañante a esta fiesta tan maravillosa.

Fángela se ruborizó y decidió dirigirse al otro extremo del prado.

Cuando llegó Odessa, el lugar estaba tan lleno que le pareció una gran suerte encontrar un hueco junto a Berta. La pescadera se pasó una hora hablando de sus entregas a domicilio, sus nuevos clientes y sus planes de hacer crecer su puesto de venta en el mercado. Cuando Odessa no pudo soportarla por más tiempo, se levantó y se fue en busca de otro corro donde la conversación tuviera mayor interés.

Debajo del pino más grande se encontró a Kody, rodeado de Fángela y todos sus amigos. Mientras tanto, el pajarito observaba desde lo alto.

—Me encantaría hacer una barbacoa con la familia este verano, pero no sé qué cocinar —dijo Fángela.

—¿Has pensado en el salmón? ¡Asado en la lumbre queda muy bueno! —dijo Kody.

—El problema es que con el salmón nunca acierto. O se me pasa o lo saco demasiado pronto. Además, en casa somos bastantes y un salmón entero tarda mucho en hacerse del todo.

A pesar de hallarse tan solo a unos metros, Berta estaba tan ocupada hablando de sí misma que ni siquiera se percató de que sus clientes estaban hablando de sus productos allí mismo.

Fángela suspiró:

—Quizá sería mejor preparar hamburguesas, como siempre.

De pronto, Berta pareció rebobinar la conversación del grupo de amigos. «Toda la familia? ¡Eso es mucha cantidad de salmón!», pensó, y se acercó a Fángela.

—El salmón, en realidad, es muy fácil de cocinar. Te puedo explicar cómo prepararlo —dijo Berta.

Fángela se sorprendió por aquel comentario de efecto retardado.

—El truco está en comprarlo unas cuantas veces para ensayar antes del día que tengas que cocinar para los invitados.

Odessa se volvió para ver a Berta.

—¡Si va a tener que comprar salmón varias veces solo para PRACTICAR le va a salir un poco caro!

—Es cierto, Odessa —dijo la afectada—. No tiene mucho sentido. Creo que con las hamburguesas habrá suficiente.

—Pues, entonces, no te olvides de comprar los panecillos del panadero del valle, que son de los mejores que he probado jamás —dijo Kody, señalándolo.

El pajarito asintió confirmando la recomendación.

Berta se acercó a Torin y le dijo en voz baja:

—¿Se ha vuelto loco este Kody? ¿Cómo puede recomendar a otros proveedores sin llevarse una comisión a cambio?

Torin estuvo de acuerdo con Berta. Nunca había visto un comportamiento tan extraño. Sin embargo, ambos observaron la confianza con la que los aldeanos se acercaban a Kody y charlaban con él acerca de sus consejos, sus vacas y otras bagatelas sin más importancia. De todos modos, toda esa atención siempre despertaba cierta envidia en las entrañas de la pescadera.

El pajarito, muy atento, observó sin rechistar; para luego, bien contento, volar en busca del mar.

9

# El mercadillo

Aquel domingo por la tarde, Kody terminó sus quehaceres en la granja algo más pronto de lo habitual y decidió salir a dar un paseo por Villalomas. Como siempre, el pajarito curioso le siguió desde lo alto.

Kody se detuvo a comentar con el frutero lo bonitas que eran las flores que habían crecido junto a su huerto y lo bonita que estaba la casa recién pintada de otro vecino que vivía en una colina cercana. Los vecinos valoraban mucho los cumplidos y a Kody le servían para sentirse cerca de las personas con las que convivía.

Al cabo de un rato, el lechero llegó a casa de Amelia, que estaba tendiendo la colada con la ayuda de sus dos mejores amigas. Las tres alegres vecinas iban y venían entre la ropa y la mesa del jardín donde hacían anotaciones en una libreta. Este detalle le pareció extraño y se decidió a averiguar el motivo.

—¡Hola! ¿Qué tal?

Fángela levantó la cabeza y sonrió.

—¡Muy bien! Hemos decidido organizar un mercadillo y estamos haciendo la lista de las cosas que podemos vender.

Odessa, sin embargo, como siempre, se estaba quejando:

—Tenemos tantos trastos y ropa usada que vamos a acabar pasando el día entero vendiendo.

—Seguro que tendréis mucho éxito —dijo Kody—. Tened en cuenta que lo más probable es que a la gente le entre el hambre. ¿Por qué no preparáis algo para picar?

Podríais hacer magdalenas, por ejemplo. A todo el mundo le encantan, y acabarán pasando más tiempo mirando vuestros productos.

—Eso estaría muy bien —dijo Odessa, sin poder evitar que se le escapara media sonrisa.

Amelia no esperó ni un segundo. Agarró una página nueva de la libreta y se puso a escribir.

—Veamos, ¿qué ingredientes necesitaremos?

Los cuatro se sentaron alrededor de la mesa.

—Harina, azúcar, huevos —Amelia escribía sin levantar la cabeza.

—Si queréis os puedo proporcionar un poco de la mantequilla especial que preparo en esta época del año. Normalmente, el primer día no hago mucha, pero esta vez procuraré tener suficiente antes de que hagáis el mercadillo. ¿Qué os parece?

Las tres respondieron al unísono con ilusión y agradecimientos.

Kody se marchó haciendo mentalmente su propia lista para que no faltara mantequilla la semana siguiente.

El mercadillo fue un gran éxito. La explanada que se extendía junto al mercado estuvo a rebosar de gente desde el amanecer hasta la puesta de sol. Se vendieron infinidad de objetos caseros y las magdalenas obtuvieron un merecido reconocimiento por parte de quienes las probaron. Todos preguntaban cuál era el secreto, y las tres vecinas siempre decían lo mismo:

—Es la mantequilla especial de Kody. Se la puedes comprar directamente a él. Ahí está su tienda.

Al final del día, Kody se dio cuenta de que había tenido las mejores ventas de la semana, y todo gracias al mercadillo que habían organizado tres de sus mejores clientas. Si no hubiera estado en el lugar indicado en el momento justo, jamás habría tenido esa oportunidad.

El pajarito, muy atento, observó sin rechistar; para luego, bien contento, volar en busca del mar.

# 10

# Crisis en la granja

Como es habitual entre la gente del campo, Kody se levantaba pronto por las mañanas para ocuparse de una larga lista de tareas. Tenía que alimentar a los animales, limpiar los establos, ordeñar las vacas, llenar las botellas de leche, cargar la bicicleta y, si le daba tiempo, acicalarse lo suficiente para estar presentable ante sus clientes.

Un viernes por la mañana, después de cuatro días de trabajo intenso, Kody se quedó dormido y todas sus tareas se retrasaron una hora. Aquella circunstancia hizo que realizara el trabajo mucho más deprisa de lo habitual. Tanto corrió que tuvo que ordeñar las vacas mientras se ataba los zapatos, por lo que prestó poca atención a pequeños detalles como el malestar que le estaba causando a una de ellas. El tiempo se le echaba encima y su ayudante ya estaba sentado en la bicicleta esperándole para ir a realizar una entrega a la que se había comprometido el día antes.

Aquel viernes tuvo más trabajo que nunca, como resultado del éxito de las últimas semanas. Cuando finalmente llegó a casa, satisfecho por haber concluido la mejor semana de todo el año, se dispuso a conducir el ganado al establo. Fue entonces cuando se sorprendió al encontrar una vaca tendida en el suelo y con la cabeza entre las patas.

—¡Venga, levanta! ¡Es hora de ir a dormir!

No hubo respuesta. La vaca parecía no oír la llamada de su amo. Cuando Kody se le acercó, notó su respiración cargada y pensó que no era buena señal. Se apresuró a encerrar el resto de las vacas y, sin perder un minuto más, montó en su bicicleta y pedaleó durante una hora hasta llegar a la casa del doctor Winston. Por suerte, el doctor tenía una cura preparada para ese tipo de casos, y, si se la administraba enseguida y la dejaba descansar un par de días, la vaca se recuperaría por completo.

A la mañana siguiente, que era sábado, el lechero se despertó muy pronto para ver cómo se encontraba su vaca convaleciente. Para Kody fue un alivio verla comiendo normalmente como si nada hubiera pasado.

De pronto, Kody escuchó ruidos y gritos procedentes de la entrada de la granja. Cuando salió por la puerta se encontró a un grupo de vecinos enojados que tiraba piedras a su tejado.

—¡Muerte a tus vacas! ¡Por su culpa hemos enfermado!

—¡La leche de esta granja está contaminada!

—¡Llevamos toda la noche vomitando!

Kody decidió dar la cara pero lo único que consiguió fue provocar más altercados.

—Venimos de ver al doctor Winston y nos ha dicho que una de tus vacas está enferma —dijo una Odessa pálida y con ojeras de haber pasado la noche en vela—. Estamos muy preocupados y no queremos beber de tu leche nunca más.

Kody dio un paso atrás y alzó una mano pidiendo permiso para responder.

—¡Escuchad! —empezó diciendo Kody—. Entiendo perfectamente vuestra preocupación, pero ¿no os ha dicho el doctor Winston que anoche me dio un remedio? De hecho, la vaca enferma ya se encuentra mucho mejor. Voy a dejarla descansar unos días antes de ordeñarla de nuevo. ¡No tenéis por qué preocuparos!

Pero eso no fue suficiente para la multitud enfurecida.

—Ya, pero ¿cómo sabemos que no va a volver a ocurrir?

—¿Y si las otras también están enfermas?

Kody intentó responder, pero su voz quedó ahogada por todas las quejas y lamentos de los presentes.

El pajarito, que lo observaba todo desde lo alto, fue el primero en ver otro grupo de vecinos mucho más multitudinario acercándose a la granja de Kody. Se trataba de los visitantes habituales que iban a la granja los sábados por la mañana. Pronto se dieron cuenta de lo que sucedía, y Amelia fue la primera en entrar en acción. Se subió a una paca de paja para ser más visible y dijo:

—¡Escuchad! ¿Kody os ha mentido alguna vez? ¿Ha intentado engañaros? ¿En alguna ocasión ha intentado venderos algo malo a conciencia?

Los afectados empezaron a prestar más atención cuando Fángela se unió a su amiga en la defensa de Kody:

—¡Yo creo en Kody! Estoy segura que jamás nos hubiera vendido leche contaminada a sabiendas. Dejemos que cure a su pobre vaca. ¡Yo me ofrezco a ser la primera en probar su leche cuando Kody diga que está curada!

De pronto, Kody empezó a notar que cada vez había más gente defendiéndole que atacándole. Eso le facilitó mucho las cosas en un momento tan delicado.

El pajarito, muy atento, observó sin rechistar; para luego, bien contento, volar en busca del mar.

# 11

# Las cestas de la compra

Aquella misma tarde, Amelia, después de estar varias horas en su taller doméstico, ocupada en fabricar una preciosa cajonera de madera, decidió que ya estaba cansada de trabajar. Necesitaba algo nuevo en lo que entretenerse, y su nueva bicicleta, que había tenido delante todo el rato, no hacía más que distraerla. A un lado se encontraban las bolsas que usaba para cargar con la compra, y le hicieron pensar en lo incómodas que eran. Fue entonces cuando se le ocurrió la idea de construir una cesta que pudiera colocarse en el manillar. Al fin y al cabo tenía todas las herramientas y materiales necesarios, así que se puso manos a la obra y no terminó hasta bien entrada la noche.

Al día siguiente, se moría de ganas por probar el nuevo invento, pero era domingo y no le quedó más remedio que esperar veinticuatro horas.

El lunes se levantó temprano y fue de las primeras en llegar al mercado.

—¿Qué es eso que llevas en la bici? ¡Qué feo! —dijo Odessa, en cuanto vio la bicicleta de Amelia.

—¡Buenos días, Odessa! Te puede parecer raro, pero mira cuántas cosas caben dentro.

—¡Ahí va! ¡Qué chulo, Amelia! —dijo Fángela con admiración—. ¿Dónde puedo conseguir una cesta para mi bici?

—Me la he fabricado yo. Ven a mi casa esta noche y te enseño cómo puedes construir una igual.

A la semana siguiente, había corrido la

voz y muchos de los vecinos de Villalomas empezaron a llevar cestas parecidas. Berta no tardó en darse cuenta y ordenó a sus ayudantes que le trajeran una. Cuando la inspeccionó exclamó alarmada:

—¡Menuda chatarra! ¡Ni siquiera caben mis salmones!

La pescadera probó con uno de sus pescados más preciados y observó que la cabeza y la cola sobresalían por los lados.

—Es cierto, jefa; demasiado pequeña —dijo uno de sus ayudantes.

—Si todo el mundo se acostumbra a usar estas cestas, ¡van a dejar de comprar salmón y comprarán solo sardinas! ¡Qué horror! Tenemos que hacer algo para evitarlo.

Al otro lado del pasillo, Kody tenía el mismo problema. Resultaba que aquellas cestas domésticas no eran muy prácticas para cargar las botellas de leche. Los lados eran demasiado bajos. Bastaba con una ligera inclinación para que las botellas se cayeran al suelo.

Esta vez Berta fue la primera en entrar en acción. Al día siguiente, llamó al fabricante de bicicletas para que acudiera a su casa. Al ser una de sus mejores clientes, el señor Dunlop no tardó en presentarse. La conversación tuvo lugar en el opulento salón de la comerciante más rica de Villalomas.

—Señor Dunlop, apuesto a que ya habrá observado esos ridículos artilugios que la gente pone en sus bicicletas últimamente.

—En efecto, señora.

—Tengo entendido que no los compran en su tienda. ¿No es así?

—¡Oh, no! ¡Qué va! Se los construyen ellos mismos.

—Bien, estoy segura de que le interesaría vender una cesta de mayor calidad. De hecho, estoy dispuesta a financiar un diseño nuevo si se compromete a incorporar una cesta en todas las bicicletas.

—¡Eso sería maravilloso, señora!

—Sí, pero hay una condición: no solo

tienen que ser lo suficientemente espaciosas para que quepa mi pescado más grande, sino que, además, deberían tener una sección especial para el marisco.

—No hay problema, señora —dijo el señor Dunlop, convencido.

Mientras tanto, a Kody se le ocurrió una idea muy distinta. Con un poco de alambre que le sobraba de la granja, diseñó unos pequeños ganchos que se ajustaban perfectamente a los lados de las cestas caseras. Y a partir de entonces los incluyó en los cuellos de todas las botellas que vendía, para así facilitar su colocación en las cestas ya existentes. A sus clientes les encantó la idea, porque con aquella solución las botellas no ocupaban espacio dentro de la cesta y así cabían más productos del resto de la compra.

Desgraciadamente para Berta y el señor Dunlop, sus cestas extragrandes nunca lograron el éxito esperado. La gente, simplemente, no las compraba y, cuando adquirían una bicicleta nueva, normalmente las quitaban y ponían cestas caseras en su lugar.

Esta costumbre tuvo un beneficio añadido para Kody: al colgar las botellas a los lados de la cesta resultaban tan visibles que servían de anuncios móviles para su granja. Y lo más increíble de todo: ¡aquella publicidad adicional era gratuita!

El pajarito, muy atento, observó sin rechistar; para luego, bien contento, volar en busca del mar.

## 12

# Aparcando en el mercado

Hubo un momento en que las bicicletas se hicieron tan populares que aparcar junto al mercado resultaba casi imposible. El problema llegó a tal extremo que los comerciantes solicitaron a Torin, el propietario del terreno, que les reservara un espacio exclusivo para sus bicicletas. Los aldeanos no protestaron y respetaron los privilegios de Berta, Kody, el panadero y los demás comerciantes del mercado.

Un día la pescadera estaba aparcando en su zona reservada cuando se encontró con Torin.

—Buenos días, Berta. ¿Cómo estás?

—No muy bien, Torin, no muy bien. Las ventas siguen bajando y ya no sé qué hacer. Necesitamos encontrar la manera de recuperar los ingresos perdidos con tanto cambio. Si no lo hacemos, algunos comerciantes acabarán cerrando.

Esa era una idea que a Torin le horrorizaba.

—Han sido todas estas bicicletas las que nos han traído los problemas. Si pudiera cobrar un solo centavo por cada bici de estas no tendría tantos problemas —dijo Torin, mientras señalaba hacia el descampado lleno de bicicletas que tenían delante.

—Pues, oye, ahora que lo dices este terreno es tuyo. ¿Por qué no cobras un centavo al día por el aparcamiento de cada bicicleta? Si compartes esos ingresos adicionales con nosotros, quizá no sea necesario cerrar ningún comercio.

Las cejas de Torin se arquearon ante tan

sorprendente propuesta, como si hubiera saltado un resorte dentro de su cabeza.

Al día siguiente, Torin llegó muy pronto al mercado y puso un letrero junto a la puerta principal. A los pocos minutos la gente empezó a hacerle preguntas, que de inmediato se convirtieron en quejas. Pero Torin se mostró inamovible. Sin otra alternativa, los aldeanos empezaron a pagar. El letrero decía: «Aparcamiento por un centavo».

Los clientes pronto se enteraron de que los vendedores no solo tenían un espacio reservado gratuito sino que, además, cobraban una parte de lo que ingresaba Torin con la tarifa de aparcamiento.

—Lo siento, es la política del mercado. Yo no puedo hacer nada —respondía Berta cuando se la acusaba de formar parte de esas prácticas consideradas abusivas.

Aquel día, Kody había estado con su ayudante haciendo entregas a domicilio y llegó al mercado más tarde de lo habitual. Al ver el letrero en la entrada se dio cuenta de lo injusta que resultaba la nueva normativa para los aldeanos de Villalomas. Por ello, decidió no participar en aquella artimaña para obtener un centavo extra del bolsillo de sus clientes. Sin pensarlo dos veces, el lechero sacó su bicicleta de la zona reservada, cruzó la raya que la separaba de la zona pública y aparcó allí pagando como todo el mundo.

Aun así, Kody pensó que seguía beneficiándose injustamente de lo que pagaban todos los demás vecinos. Como sabía que no iba a poder cambiar la opinión de Torin (y mucho menos la de Berta), se le ocurrió una solución intermedia: ceder su plaza reservada a su mejor cliente de la semana y usar los ingresos obtenidos por aparcamiento para subvencionar el aparcamiento del resto de sus clientes.

No tardó en correr la voz y otros comerciantes acabaron haciendo lo mismo. A los pocos días, avergonzado por el fracaso de la nueva medida, Torin arrancó el letrero de la puerta del aparcamiento y eliminó el pago de la tarifa para siempre.

El pajarito, muy atento, observó sin rechistar; para luego, bien contento, volar en busca del mar.

13

# La bandeja de marisco

Berta se sentía frustrada. Desde que se introdujeron las bicicletas en Villalomas, todo se le había vuelto en su contra. Sus clientes iban con menor frecuencia al mercado, sus ventas habían caído en picado, sus empleados estaban desmotivados y ya no sabía qué hacer. Su amigo Torin también sufría las consecuencias, y era fácil encontrarlos consolándose mutuamente al final de la jornada laboral. Un día Torin dijo algo que despertó el interés de Berta:

—¿Por qué no recuperas ese «viejo truco» tuyo de la bandeja de mariscos?

—¡Tienes razón! Hace tiempo que no la ofrezco y la verdad es que un poco de dinero extra no me vendría nada mal.

Al día siguiente, Berta llegó pronto al mercado y puso un letrero sobre el mostrador de su pescadería. A los pocos minutos la gente empezó a hacerle preguntas. Berta estaba encantada. Tenía docenas de clientes delante de su tienda y esta vez no miraban hacia la de Kody. El letrero simplemente decía: «Bandeja de fin de semana: langosta, ostras y más por menos».

Con una oferta tan atractiva los clientes empezaron a realizar pedidos durante la semana, pagando por adelantado. El viernes, Berta esperó hasta que el mercado estuvo lleno para hacer su entrada triunfal. Torin, junto a la puerta, hizo sonar su trompeta tan fuerte que interrumpió las conversaciones y llamó la atención de todos.

Berta caminaba orgullosa mientras empujaba un carro lleno de bandejas de marisco.

Parecía la reina entrando en palacio con el botín conseguido en la última conquista. A esas alturas, la cola frente al mostrador ya estaba formada. Había clientes que esperaban desde primera hora. Entre ellos estaba Fángela, incapaz de contener su emoción. Berta sonrió confiada, satisfecha por su gran logro.

Cuando finalmente le llegó el turno a Fángela, su ilusión se desvaneció al instante. En lugar de langosta le dieron unas gambas gigantes, y en lugar de ostras le dieron unos mejillones enormes. Antes de que pudiera decir una sola palabra, el resto de clientes ya la habían apartado de la cola y tuvo que irse a su casa desanimada. Al poco tiempo, Fángela averiguó que Amelia había tenido la misma mala experiencia, y también Odessa. Esta, viéndoselo venir, exclamó:

—¡Esto es un engaño! ¡Yo he pagado una fortuna y estoy recibiendo los restos!

—¡Siguiente! —dijo Berta, a modo de respuesta ante las quejas.

—¡Quiero que me devuelvan mi dinero! —dijo Odessa, que, al ver que no servía de nada, se volvió hacia la cola—: No aceptéis las bandejas. ¡No contienen lo que nos prometieron!

Sus intentos fueron inútiles. Por mucho que alzara la voz, sus palabras se hundían en un mar de gritos y ruidos de fondo. Odessa insistió hasta que se quedó afónica y tuvo que marcharse con la miserable bandeja.

Mientras pedaleaba en dirección a su casa, Odessa se dio cuenta de que estaba montada en la única cosa que podía ayudarla en aquellas circunstancias. ¡Era increíble que no se le hubiera ocurrido antes!

Aquel fin de semana, Odessa pasó todo su tiempo libre en la bicicleta, pero esta vez no fue por puro placer. Tenía una misión. Bandeja en mano, fue puerta por puerta enseñándola a quien quisiera verla. Ya lejos del ruidoso mercado, su voz se escuchaba alto y claro. Tuvo una docena de conversaciones con otros tantos clientes insatisfechos. Algunos incluso la invitaron a entrar y le enseñaron sus propias bandejas incompletas. Muchos de ellos habían pensado que eran los únicos en recibir menos de lo que habían pagado, pero ahora tenían a alguien con quien compartir su frustración. Eso les llevó a montar en sus propias bicicletas y ayudar a Odessa para que corriera más deprisa la voz. Al terminar el fin de semana no había nadie en Villalomas que no conociera el «viejo truco» de Berta.

El lunes por la mañana reinaba la normalidad en el mercado. El pájaro estaba en su viga bajo el tejado, el pan olía maravillosamente, el pescado fresco estaba expuesto y la leche y el queso lucían en el mostrador de Kody. Los vecinos realizaban sus compras con normalidad. Algunos llenaban sus cestas en la frutería y otros hacían cola en la carnicería, pero con el paso de las horas hubo algo que empezó a resultar obvio. Por algún motivo, nadie compraba pescado.

Berta se dio cuenta enseguida y, por mucho que levantara la voz, no conseguía que nadie le hiciera caso. Primero comprobó que su mercancía estuviera en buen estado, aunque era evidente que se hallaba en perfectas condiciones. Si su pescado era de buena calidad, y su voz sonaba tan fuerte como siempre, el problema tenía que venir de sus clientas, así que intentó hablar con alguna de las que pasaban por delante, pero todas la ignoraban. Todas menos una, a la que le supo mal ver a Berta tan desesperada.

—Fángela, por favor, ¿qué está pasando? ¿Por qué nadie me hace caso?

—Mmm... Bueno, ¿nadie te lo ha dicho?

—¿Dicho qué, Fángela?

—Hemos decidido no comer pescado en toda la semana.

El pajarito, muy atento, observó sin rechistar; para luego, bien contento, volar en busca del mar.

## 14

# Nueva ley

Al final del verano, el tráfico de entrada y salida del mercado se había convertido en un problema. No era solo cuestión de aparcamiento. Los aldeanos habían cogido confianza con la bicicleta y circulaban a velocidades que hubieran sido inimaginables antes de su aparición. De pronto, un hombre que iba especialmente rápido se distrajo y se estrelló contra una niña que estaba aprendiendo a montar en bici. El estruendo del impacto se pudo escuchar en todo el mercado y, a los pocos minutos, se formó un corro de personas en el lugar del accidente.

—¡Que alguien llame al doctor Winston! ¡Está sangrando!

La niña tenía heridas importantes.

—Ya sabía yo que estos trastos de dos ruedas los había creado el diablo —dijo una mujer, con lágrimas en los ojos.

—¡No culpe a la bicicleta, señora! ¡Es culpa del conductor! —dijo otra persona.

Berta lo vio como una oportunidad de librarse de las bicicletas de una vez por todas y hacer que todo volviera a la normalidad. Corrió a buscar a Torin y le dijo con cara de preocupación:

—¡Torin, no puedes dejar que esto siga ocurriendo! Mira a esa pobre chica. Esto irá a peor. Deberías prohibir las bicicletas por lo menos en tus terrenos, donde eres el responsable.

A Torin le preocupaba el tema y pasó dos días enteros pensando en el accidente y en cómo evitar que volviera a ocurrir. Él también era del parecer que aquella era su oportunidad. Las cosas habían cambiado mucho en el mercado desde que se había popularizado la entrega a domicilio. Se imaginó el mercado como era antes, lleno de gente gastándose el dinero sin más alternativa que la que ofrecía el propio espacio y sus normas. Era una idea tentadora.

Así pues, al día siguiente, Torin llegó pronto al mercado y puso un letrero junto a la puerta. A los pocos minutos la gente empezó a hacerle preguntas. Los aldeanos estaban furiosos. Enseguida hubo docenas de clientes delante de la puerta, gritando y quejándose, pero Torin no escuchaba. El letrero tenía solo dos palabras: «Prohibido bicicletas».

Berta sonreía en la distancia mientras observaba a un Kody con cara de preocupación. El letrero era de piedra, señal de que se trataba de una ley que debía ser cumplida por todos los habitantes de Villalomas sin excepción alguna. Aun así, Odessa organizó una manifestación de protesta.

—¡No podemos dejar que nos roben nuestra libertad! ¡No vamos a volver a las caminatas bajo el sol! ¡Levantémonos para defender nuestro derecho a circular en libertad!

—Si lo que quiere Torin es que dejemos de ir en bicicleta, ¡dejaremos de ir a su mercado! —dijo Amelia.

Los asistentes aplaudían con entusiasmo.

—¡Exacto! ¡No necesitamos tus estúpidas leyes! —exclamó Fángela, indignada.

Las tres amigas resultaron tan convincentes que a la mañana siguiente el pajarito se encontró el mercado completamente vacío. Los aldeanos se habían quedado en casa en señal de protesta.

Por desgracia, la táctica de Amelia hizo aguas al poco tiempo. A mediodía, los vecinos empezaron a tener hambre y se fueron acercando progresivamente al valle. Algunos entregaban sus bicicletas a cambio de poder comprar comida, y tenían que regresar a pie hasta sus casas por primera vez en mucho tiempo. Cuando Torin fue a cerrar las puertas al final del día se encontró a uno de los vecinos de Villalomas con la mirada fija en el letrero. Torin pensó: «Pobre señor Dunlop. Puso todos sus ahorros en el negocio de las bicicletas y ahora está arruinado. Debe haber perdido la cordura al leer el letrero».

A Torin se le escapó la risa, pero el señor Dunlop ni se inmutó. Seguía abducido por el letrero, repitiendo en voz baja, una y otra vez, aquellas dos palabras: «Prohibido bicicletas, prohibido bicicletas, prohibido bi...».

De pronto, como si oyera el estruendo de un rayo en una cálida tarde de verano, una idea irrumpió en su cabeza, y su cara se iluminó de la emoción.

Al día siguiente, el señor Dunlop llegó pronto al mercado y puso un letrero sobre su mostrador. A los pocos minutos la gente empezó a hacerle preguntas. Los vecinos estaban encantados. El señor Dunlop tenía docenas de clientes delante de su tienda, sacándose el dinero de los bolsillos. El letrero tenía solo tres palabras: «Se venden triciclos».

—¡Qué idea más genial! —exclamó Fángela, llena de ilusión.

—¡Tú lo has dicho! —dijo Amelia—. Con la tercera rueda, la norma no nos afecta, porque ya no es una *bi*-cicleta.

—Además, fíjate, los triciclos son más anchos. ¡Ahora tenemos más espacio para llevar la compra!

—Sí, y no es tan fácil caerse porque la tercera rueda los hace más estables. ¡Yo compro!

El pajarito, muy atento, observó sin rechistar; para luego, bien contento, volar en busca del mar.

## 15

## *El libro de los píos*

Cuando llegó el otoño las visitas al mercado del valle eran tan escasas que Torin había perdido casi toda su influencia. Los vecinos seguían comprando, y los comerciantes mantenían sus tiendas, pero la mayoría de las ventas se hacían a domicilio. La antigua prohibición había sido revocada, y la mayoría de los residentes y los comercios de Villalomas tenían bicicletas o triciclos.

Los intentos de Berta por compensar la caída de las ventas la llevaron a realizar grandes esfuerzos para gritar más fuerte, lo que causó serios daños en sus cuerdas vocales.

Al final, vendía tan poco que empezó a comprarle menos al pescador que le traía el género directo del mar.

Una mañana, mientras caminaba por el muelle hacia el barco de pesca, observó algo extraño. El pescador estaba de pie en la proa de su vieja barcaza con un pajarito en el hombro. Por un momento pensó que lo había visto antes, pero no le dio más importancia.

Mientras el pescador descargaba las cajas de pescado, Berta dijo:

—Hoy no creo que vaya a necesitar salmón.

El hombre depositó una caja entera de salmón fresco en el muelle.

A Berta aquel gesto no le hizo ninguna gracia.

—¿Es que no me has oído, chico?

Berta empezaba a echar humo, enojada con el chaval, cuando se dio cuenta de que el muchacho se disponía a descargar otra cosa: su propia bicicleta.

Sin darle tiempo a reaccionar, el joven pescador cargó el pescado en su nueva bicicleta y se dirigió hacia el pueblo sin decir ni una palabra. Mientras el pajarito revoloteaba sobre el pescador en la distancia, Berta se quedó muda en el pantalán.

Entonces, Berta observó que en el barco, sobre la silla del capitán, había un viejo libro con un pajarito dibujado en la portada. Cuando lo tuvo en sus manos pudo leer el título: *El libro de los píos.*

Vencida por la curiosidad, Berta empezó a hojearlo y no tardó en darse cuenta de su significado. Dejó el libro a un lado y hundió la cabeza en ambas manos en señal de desesperación.

El libro solo contenía diez frases:

- No puedes desandar lo andado.
- Tus amigos te quieren a ti. Mantén el contacto, sé cercano y accesible.
- El buen anfitrión recibe invitación.

- Nadie quiere sentarse junto al invitado pesado.
- Si quieres conocerles, primero te han de permitir ser uno de ellos.
- Reúne a tus amigos y te defenderán.
- Déjales marcar el camino y tendrás seguidores.
- Cuando te escondes, escoges bando.
- Si engañas a todos, acabas siendo el engañado.
- Prohíbe dos y tendrás tres.

# Aterrizaje

La voz procedente de los altavoces dijo: «Señoras y señores, les habla el comandante. Estamos a punto de iniciar el descenso. Les rogamos que se abrochen los cinturones».

—¡Vaya!, muchas gracias por compartir este cuento conmigo. ¡Ahora mismo me siento como la pescadera!

—Es normal. A mí me pasó exactamente lo mismo. Yo era de las que más se resistía a las redes sociales al principio. Me comporté igual que Torin, cuando intentaba convencer a Kody de que abandonara las entregas a domicilio y trataba de evitar que las bicicletas cambiasen las cosas que habían seguido igual durante tantos años.

—¿No se refiere a eso mismo la primera frase: «**No puedes desandar lo andado**»? Queda claro que cuando aparecen las bicicletas ya no hay vuelta atrás —dijo el hombre.

—Para mí, la segunda frase lo resume todo muy bien: «**Tus amigos te quieren a ti. Mantén el contacto, sé cercano y accesible**». Los blogs, los foros, las redes sociales todo ello permite conectar a las personas. Pero las personas quieren conectar con personas y no con «marcas». Si no eres tú mismo, te rechazan.

—Exacto. Precisamente, es lo que pasa con Berta y los Winston cuando ella envía a esos chavales, que no saben nada de pescado. Quizá ese es el riesgo con los *community managers*. No puedes contratar a alguien nuevo que no sabe nada de tus productos y servicios y convertirle en tu única voz en la red.

—Sí, Kody lo hace muy bien en este caso.

Contrata a un chico que le ayuda a llegar a sus clientes más deprisa, pero él va sentado detrás en la misma bicicleta y hace las entregas *él mismo*.

—¡Gran diferencia!

El avión empezó a atravesar la línea de nubes en su descenso hacia el aeropuerto.

—Y ¿qué me dice de la frase «**El buen anfitrión recibe invitación**»? —dijo el hombre.

—Yo creo que se refiere a las visitas a la granja. Acuérdese de que Kody invitó a sus clientes de una manera muy natural, mientras que Berta fracasó al hacerse pasar por lo que no era. Cuando Fángela organizó el picnic, lo más normal para ella era invitar a Kody pero no le apetecía nada invitar a Berta.

—Tiene razón. Me he reído mucho cuando Berta le tapa la boca a Odessa. Eso es precisamente lo que hicimos una vez cuando borramos comentarios negativos en nuestro muro. Me siento avergonzado de haberlo hecho.

—Es que se trata meramente de relaciones. Al final, todos somos humanos, ¿no cree? Es como cuando un amigo te invita a su casa y luego te pide que le pagues el café. Yo no devolvería la invitación a un amigo así.

La mujer miró por la ventanilla del avión y divisó tierra.

—Me encanta la frase del pesado.

—¿Lo de que «**Nadie quiere sentarse junto al invitado pesado**»? Sí que es buena, sí. Al final, todo es como un encuentro entre amigos, ¿no cree? Si en una fiesta conoces a una persona que solo te habla de sí misma, de sus logros, de sus intereses... ¿qué vas a hacer?

—¡Largarme! —exclamó la mujer, sin pensarlo dos veces—. Es como ese «amigo» que siempre acaba pidiéndote dinero. Y, sin embargo, en las redes sociales, muchas marcas solo se dedican a hacer justamente eso: hablar de sí mismas, de sus noticias y de sus nuevos lanzamientos, y siempre con el objetivo de que ¡les acabes dando tu dinero!

El hombre estaba ilusionado. Poco a poco, las piezas del puzle empezaban a tener sentido.

—La siguiente frase, «**Si quieres conocerles, primero te han de permitir ser uno de ellos**», se refiere al capítulo en el que Kody tuvo tanto éxito con sus magdalenas, ¿verdad?

—Efectivamente —respondió la mujer—. Al conocer a sus clientes en un entorno distendido, fuera del mercado, Kody descubrió una oportunidad de negocio. Berta jamás lo hubiera podido saber.

—Imagino que esto es lo que son las redes sociales en definitiva: un lugar para ser sociable y conocer mejor a tus consumidores —reconoció el hombre.

—Exactamente. Tienes un *focus group* sobre tus marcas y tus productos en tiempo real. Si no estás escuchando esas conversaciones, seguramente estás perdiendo oportunidades. El problema es que no se puede, simplemente, interrumpir y pedir opinión cuando te apetece. Primero hay que desarrollar esa relación con el cliente. Igual que hacía Kody paseando por el barrio y saludando a sus vecinos.

—Yo creo que mi favorita es la siguiente —dijo el hombre—: «**Reúne a tus amigos y te defenderán**». Está claro que se refiere a cuando a Kody se le pone enferma la vaca, en comparación con el error de Berta, que deja a sus clientes indispuestos. Ese esfuerzo extra que hizo Kody fuera del mercado, esa relación de confianza que había desarrollado anteriormente, le vino muy bien en situaciones de crisis.

—Justamente, muchas empresas tienen miedo a las redes sociales porque piensan que serán objeto de críticas. Pero cuando creas una presencia digital adecuada y te rodeas de tus «amigos» es más fácil que ellos mismos te defiendan incluso antes de que puedas hacerlo tú.

—¿Qué me dice de la siguiente: «**Déjales marcar el camino y tendrás seguidores**»?

¿La ha entendido? —preguntó la mujer, sonriente.

—¿Podría referirse a esas cestas para marisco que hizo construir Berta? —El hombre no pudo evitar añadir un tono irónico a su pregunta—. Me da vergüenza admitirlo. Esa campaña de vídeo está diseñada completamente desde nuestro punto de vista y no desde el de nuestros clientes. Quizá por eso nadie compartió ese vídeo que se suponía que debía ser tan «viral».

La mujer asintió.

—Sí, como ves, Kody creó algo conjuntamente *con* el cliente, y nadie puede vender mejor tu producto que tu propio cliente. Al fin y al cabo, los negocios deben ser beneficiosos para todos, ¿no cree?

—**«Cuando te escondes, escoges bando»** —dijo el hombre—. ¿Eso no es cuando Kody decide ofrecer a sus clientes su espacio de aparcamiento reservado, en lugar de disfrutar del privilegio él mismo?

—¡Pues, claro! Aquí tenemos el típico caso en que el lechero podría haber culpado a otro. Pero cuando el boca en boca corre con tanta facilidad, ¡tu reputación es lo que realmente cuenta! Ya no puedes esconderte detrás de una excusa. Tienes la oportunidad de representar algo de valor delante de tus clientes. Y es que, si no lo haces tú, lo hará otro. ¿Se fijó en que cuando Kody adopta su postura, todos los demás comerciantes se ven obligados a hacer lo mismo? ¡Es mejor ser el primero en ponerse del lado de los clientes!

La mujer empezó a recoger sus cosas mientras el avión se disponía a aterrizar.

—Esta también es muy buena: «**Si engañas a todos, acabas siendo el engañado**». Es sobre la bandeja de marisco y los intentos de Berta de aprovecharse de sus clientes.

Hizo una pausa y continuó:

—Yo sé de algunas empresas que han caído en esa trampa. Al final tienes lo que te mereces. El riesgo de engañar a tu consumidor hoy en día es prohibitivo. Es tan fácil que el más mínimo error corra por la red, que no merece la pena intentarlo.

Mientras se abrochaba el cinturón, el hombre añadió:

—De hecho, ahora tenemos muchos clientes que nos hacen consultas por internet, en vez de llamar a nuestro centro de atención al cliente. La gran diferencia es que esa consulta ya no es en privado entre el cliente y el agente. ¡Ahora es en público, y la visibilidad es máxima! Si no hablan bien de ti, realmente tienes un problema.

El hombre se dirigió a la mujer:

—No olvidemos la última frase. Cuando se prohíben las bicicletas y aparece un nuevo invento, el triciclo, se refiere al «**Prohíbe dos y tendrás tres**», ¿no?

—Por supuesto —dijo de inmediato la mujer—. La prohibición en internet no funciona. Al final, el que prohíbe siempre es más débil que la comunidad. Sería como nadar contra un tsunami. ¡Es imposible! Por eso, si le quitas a un cliente lo que quiere, o se enfada o encuentra una solución alternativa, pero lo que es seguro es que ya no cuenta contigo.

El avión sufrió un ligero temblor cuando bajó el tren de aterrizaje.

—¿Qué cree que le pasa a Berta al final? —preguntó el hombre.

—Creo que el pescador se decide a tomar cartas en el asunto y se va a vender directamente a los clientes de la pescadera, y lo hace en bicicleta, por supuesto. Está claro que si no entiendes cómo han cambiado las cosas, otro lo hará por ti y atacará tu mercado dejándote atrás, obsoleto, como le sucede a la pescadera en el muelle.

—Yo no quiero ser la pescadera que se queda atrás en el embarcadero de mi industria —dijo el hombre.

La mujer se estaba riendo a carcajadas justo cuando las ruedas del avión hicieron contacto con el suelo. El hombre, por fin, había entendido que no podía seguir gestionando su empresa de la misma manera que lo había hecho hasta la aparición de las redes sociales.

—Hoy he aprendido algo muy importante y debo agradecérselo a usted.

—A mí no tiene que agradecerme nada. ¡Dele las gracias al lechero!

Mientras caminaba hacia la salida del aeropuerto, el hombre solo pensaba en lo mucho que le hubiera gustado que alguien le diera *El libro de los píos* unos meses antes.

Y usted, ¿a quién le va a dar este libro?

# Agradecimientos

A Zapa por presentarnos plantando la semilla de una larga y fructífera amistad. A José María Joana, por hacernos de «manager» y ponernos en contacto con Nuria Tey. A Nuria por creer en nosotros en todo momento y hacernos sentir como en casa en Random House Mondadori y a nuestros editores Carlos Martínez y Jordi Galli por su paciencia cuando fuimos testarudos y por sus sabios consejos cuando supimos escuchar. A Agus Paz por apoyarnos en la red y a todo el equipo de la editorial Conecta por su vocación y dedicación incansable al proyecto. A Salva,

Risto, Sergio, José Ángel, David, Kirsten, Paul, Dan, Josep, Maria José, Esther, Albert, Ignasi y todo el equipo de Somos Digitales por vuestras críticas constructivas durante todo el proceso, y, en particular, a Víctor Cardona por insistir tanto en que no cambiásemos el título.

# Agradecimientos especiales

Quiero dar las gracias especialmente a mi madre, que siempre está conmigo, y a mi familia por haber estado a mi lado en todo momento. Sin vosotros, hoy no estaría aquí.

JENNY JOBRING

Quisiera agradecer en especial a Julia y a Nora sus dulces sueños que hicieron posible este libro. Y a mis padres y a mi hermano Marc por ser fuente de motivación, inspiración, oportunidad y buen consejo. Si no esperaseis tanto de mí estas páginas seguirían en blanco.

FRANC CARRERAS

Este libro
se terminó de imprimir
en QP Print